# Quand je suis en COLÈRE

Piccolia

Quand je suis en colère,
c'est comme si j'avais dans le ventre
un volcan prêt à…

exp

Quand je suis en colère,
j'ai envie de tout écrabouiller…

**BOUM !** **B O U M !**

**B O U M !**

ser !

**BOUM** ! ... de taper du pied
si fort que même la terre se mettrait à trembler...

… de courir si loin qu’on ne pourrait jamais me rattraper.

Je suis sûr que toi aussi tu es en colère, des fois.

Des fois, je pique une grosse colère ! Quand on se moque de moi...

... quand
un enfant
casse mon château de sable...

avec ses gros pieds...

… ou quand maman me dispute
pour une bêtise que je n'ai pas faite.

Et puis d'abord, on a le droit d'être en colère.

Mais il ne faut pas faire mal aux autres.

Pour me calmer, quand je suis en colère…

… je respire très fort…

… ou je vais
me cacher
dans mon coin
préféré…

… ou alors, je monte sur les genoux
de mon papa et je lui dis
pourquoi je suis en colère.

Des fois, je suis tellement en colère que
je ne me rappelle même plus pourquoi.

Et ça, ça me fait
drôlement...

... rire !

# *Remarques à l'attention des parents*

## *Un grand atout : l'estime de soi*

*Le plus beau cadeau que vous puissiez faire à votre enfant est une saine estime de soi. L'enfant qui a conscience de sa propre valeur et a confiance en soi développe une estime de soi positive. Rien de tel que de longs moments d'intimité avec votre enfant, passés à jouer et lire avec lui, ou, tout simplement, à l'écouter pour qu'il prenne conscience de sa propre valeur. Vous pouvez également l'aider à découvrir et à devenir la personne qu'il souhaiterait être plus tard. La vie sourit à ceux qui s'aiment sincèrement, tels qu'ils sont. Le bonheur ne se résume pas à réussir dans la vie. Il faut aider son enfant à acquérir suffisamment de confiance en soi pour faire face au malheur, à la honte, aux difficultés et aux échecs. C'est aussi important, voire plus important, que de réussir dans la vie ou être le meilleur. Lorsque les enfants ont confiance en leurs capacités pour gérer les sentiments les plus pénibles – la peur, la colère et la tristesse – ils acquièrent une assurance intérieure qui leur permet de mieux affronter le monde dans lequel ils vivent.*

*Chaque livre de cette collection consacrée aux sentiments a été soigneusement conçu en vue de mieux permettre à l'enfant de comprendre ses émotions et, par conséquent, d'aborder plus librement la vie. En parlant avec votre enfant de ses sentiments, vous lui faites comprendre qu'il est normal d'être parfois triste ou en colère, ou encore d'avoir peur. L'enfant qui est préparé à ressentir des sentiments pénibles appréhende le monde avec une plus grande liberté, prend confiance en ses capacités et est plus heureux.*

## *Être en colère*

*Une saine estime de soi permet d'être moins sur la défensive et donc moins coléreux. La colère est l'une des émotions les plus difficiles à maîtriser. Les enfants doivent savoir que nous sommes tous en colère un jour ou un autre et qu'il n'y a rien de plus normal. En donnant à l'enfant la possibilité d'exprimer leur perception de l'histoire à l'origine de leur colère, non seulement on lui donne conscience de sa propre valeur, mais on lui apprend à se libérer de la colère de manière saine. En l'aidant à trouver la solution qui est la sienne et à la mettre en pratique, on lui permet d'acquérir la confiance en soi nécessaire pour ressentir de la colère, mais sans se laisser dominer par elle.*

*4, avenue de la Baltique*
*91946 Villebon – France*
*Dépôt légal : 1er trimestre 2006*
*Loi n°49-956 du 16 juillet 1949*
*sur les publications destinées à la jeunesse.*
*Imprimé en Chine*